石器与文明

SHIQI YU WENMING

刘俊琪　编

读者出版社

图书在版编目（CIP）数据

石器与文明 / 刘俊琪编. -- 兰州：读者出版社，
2024.12. -- ISBN 978-7-5527-0850-9

Ⅰ．K878.02

中国国家版本馆CIP数据核字第2024MX9495号

石器与文明

刘俊琪　编

责任编辑　漆晓勤
摄　　影　孙永刚
封面设计　刘白尼

出版发行　读者出版社
地　　址　兰州市城关区读者大道568号（730030）
邮　　箱　readerpress@163.com
电　　话　0931-2131529（编辑部）　0931-2131507（发行部）

印　　刷　雅艺云印(成都)科技有限公司
规　　格　开本 889毫米×1194毫米　1/16
　　　　　印张 15　插页 4　字数 143千
版　　次　2024年12月第1版
　　　　　2024年12月第1次印刷
书　　号　ISBN 978-7-5527-0850-9
定　　价　368.00元

以人

以十

夏鼎器皿

以

鉴

踤保

源如

刘俊琪近影

艺术简介

刘俊琪，号分山公，毕业于西北师范大学美术系，甘肃省人民政府文史研究馆馆员，中国美术家协会会员，中国壁画学会会员，曾任麦积山石窟艺术研究所美术研究室主任、教授。刘俊琪在敦煌莫高窟和天水麦积山石窟临摹、研究古代壁画三十多年，临摹了大批中国古代优秀壁画作品，分别在中国香港、英国、澳大利亚、尼泊尔、日本、美国等国家和地区举办个人画展，所临摹的中国古代壁画和创作的以马为题材的水墨大写意作品在美术界得到广泛好评，并由国内外美术馆及个人收藏。其业余时间投入大量精力研究中国史前文化，致力于考古发掘器物及大量民间流散石器、陶器的研究。

目录 CONTENTS

目录 CONTENTS

引言

生产力是一种改造外在世界而获得自身生存和发展所需的实践能力，也是人类不断推动社会向前发展的根本动力，不仅促进社会生产关系的不断形成和变更，还有助于人类社会创造出多种文明形态。生产工具是生产力水平发展的重要标志，以工具为代表的生产力的变迁，从根本上反映人类发展传承延续的演进过程。研究生产力的变迁，主要是研究生产工具的变化。在生产力不发达的旧石器晚期及新石器时代，石器是当时最为重要的生产工具。因此，研究文明的起源，最为核心的就是研究石器。

石器是旧石器时代人类最主要的生产工具，其制作技术是古人类生产能力和技术水平的重要体现。石器的发展不仅能够反映人类生产力的提高，更体现了人类智慧和创造力的飞跃。虽然这些石器原始粗糙，但是朴素直观地"记录"了人类最初的物质和精神生产实践活动，反映当时人们的生产样式和生活方式。从最初的简单敲打，到后来的精细雕琢，石器不仅记录了人类技术的进步，更映射出人类社会的演变与文化的发展。可以说，石器的制作和运用开启了人类文明探索的时代。

一部石器的历史，就是一部人类的成长史。在旧石器时代向新石器时代过渡的时期，已出现刃缘局部磨光的石器。石器原料以燧石和石英为主，在制作技术上直接法和间接法并用，具有十分成熟的间接打制和压制修整技术。与这些细石器文化遗物共存的还有一些尖状器、砍砸器、锤、砧、砺石、磨盘等大型打制石器和磨制石器。在新石器时代早期，石器磨制技术得到应用并逐步推广，发明了陶器，产生了原始农业与家畜饲养业。在一些地区，人类的经济方式由完全以采集、狩猎为主转变为开始经营农业并饲养家畜，生活方式也发生了重大变化。

在新石器时代经济发展加速、社会分化、文化繁荣的过程中，磨制石器的加工使用发挥了很重要的作用。以石斧、锛、凿为代表的磨制石器是人类最早定型的生产工具。新石器规范精美，它们的出现标志着人类生产生活有了巨大的进步。磨制石器最主要的功能是木材加工，由于磨制石器的功能优越，不仅帮助先民们改变了住所，还改变了墓葬聚落的营建，甚至改变了石器的使用方式，产生了木石相结合的工具。这不仅为农业生产提供了必要的工具支持，也为人类文明的进一步发展奠定了基础。随着石器技术的不断进步，石器逐渐成为战争中的主要武器和防御工具，如先民使用石器制成的石刀、石斧、石矛等武器进行战斗，同时也使用石器修建防御设施。这意味着，拥有更多和更先进的石器工具的人或部落往往具有更强的战斗力和更高的社会地位。因此，石器的制造和使用成为衡量一个社会或部落实力的重要标志。石器作为人类文明的重要载体之一，不仅见证了人类历史的演进过程，也推动了人类社会的进步和发展。从最初的简单打制到后来的精细磨制，石器技术的不断革新和扩散，深刻地影响了原始农业、聚落营建、战争等多个领域，反映出人类智慧和创造力的不断发展和提升。

在甘肃这片古老而广袤的土地上，独特的地理位置和气候条件同样孕育了丰富的史前文化，我们的祖先们用智慧和勤劳的双手，创造了灿烂的史前文明。从大地湾文化、马家窑文化、齐家文化到四坝文化、沙井文化，这些文化类型犹如一颗颗璀璨的明珠，镶嵌在甘肃史前文化的历史长河中，共同谱写了甘肃史前文明的辉煌篇章。在甘肃的史前遗址中，出土了大量的石器制品，这些石器不仅种类繁多，而且制作精良，充分展示了史前人类高超的手工艺水平和独特的创造力，为研究史前文化提供了宝贵的实物资料。

笔者研究石器、陶器 30 余年，希望通过对甘肃本土考古发掘资料及大量民间流散石器进行研究，从一个切面体现当时人们的价值观念与审美情趣。本书分别从玉器、石斧、石凿、石锛、石铲、石刀、石钺、石钻、研磨器、砺石、骨器、纺轮、陶器、制陶工具、乐器、饰品及其他原始艺术品方面，生动地呈现史前社会甘肃地区先民们生产和生活中的重要工具，它们见证了甘肃史前人类从蒙昧走向文明的历史进程。通过本书所展示的甘肃史前器物，我们不仅可以感受当时人类的技术进步，更可以窥见背后的文明力量，感受甘肃史前文化的博大精深和独特魅力。这些璀璨的文化印记为我们认识史前先民的生产生活、社会结构、精神世界等方面提供了宝贵的实物证明。

在当今时代，我们应该更加珍视和传承甘肃史前文化这一宝贵遗产。通过加强对史前遗址的保护和研究，深入挖掘其内涵和价值，更好地了解人类文明的演进历程和中华民族的悠久历史。同时，我们也应该积极发扬甘肃史前文化的独特魅力，让我们在欣赏这些宝贵文化遗产的同时，深刻体会人类文明的伟大，激励我们以更加谦卑和敬畏的心境，探索、保护、传承这份宝贵的文化遗产。

第一单元

玉器

　　著名考古学家苏秉琦认为，玉是传统价值观念的综合体现物，这一文化现象为中国所独有。他说道："玉代表一种崇尚高洁、坚贞、温良的美德，体现着传统的道德标准、价值观念。人类从会制造石器起，就有机会与玉石打交道，后来又把令人赏心悦目的'美石'选出来制作装饰品和贵重用具。真正把玉与一般石材区分开而用来制作珍贵饰物的是万年以内的事。中华民族把玉所具'温润''高洁''坚硬（贞）'等特点，转化到人文观念中，纳入社会生活。玉器体现的美德是民族特有的文化现象，又是自史前时期以来一直承袭着的传统。"

　　玉从石中来。在旧石器时代晚期，人们在石器打制技术的基础上，发明了磨、钻、抛光等新技术。进入新石器时代，人们开始有意识地选择石材功能，在硬度、重量、可塑性等方面，具有使用性能的石材被制作成生产工具；在光泽、颜色、纹理等方面，具有感官功能的美石被加工成精美的装饰品。最初的玉石分化源于对美的追求和感受——把美石制成随身佩戴的装饰品。古人在自主选择美石的同时，无形中赋予它社会化、人格化功能。最先表现出来的，是被视为"灵物"进入史前先民的视野，成为他们与崇拜对象沟通的媒介，原始宗教应运而生。随着社会的发展，象征性工具和武器的发展代替小型玉饰品。此类器物基本摆脱实用属性，在相当长的时期作为一种精神载体运用于某些特定场合。

玉琮　　高 11 厘米

小玉琮　高 4.5 厘米

小玉琮　高5厘米

玉琮（打孔错位）　高5厘米

玉钺　　高 29.5 厘米　宽 14.5 厘米

玉钺　良渚文化

高 17 厘米

玉钺　良渚文化
高 14.5 厘米

玉钺　高 12 厘米

玉蝉正面　高 15 厘米

玉蝉背面　高 15 厘米

玉管　良渚文化

高6厘米

玉蝉　高 3 厘米

抛光器　长 8 厘米

双孔玉刀　长 12 厘米

三孔玉刀　长 13 厘米

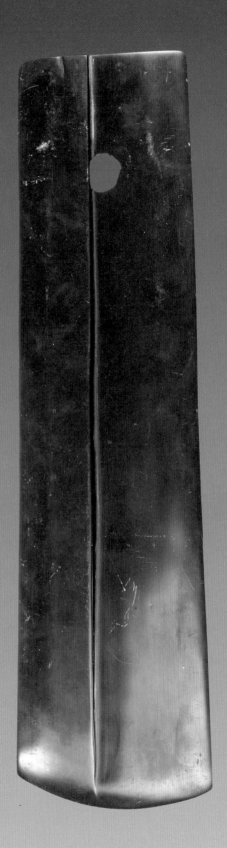

玉璋　高 38 厘米

玉璧　齐家文化
直径 18 厘米

玉璧　齐家文化

直径 19 厘米

小型玉铲　高4厘米至5厘米

第二单元
石斧

　　石斧由旧石器时代的手斧演变而来。新石器时代早期的石斧分为磨光石斧、断面呈椭圆形的石斧和无孔扁刃石斧。新石器时代中期的石斧在无孔扁刃石斧的基础上有了穿孔，器身由厚变薄，由对钻变为单面钻，由平刃变为宽弧刃。新石器时代晚期出现有肩穿孔石斧，对该石斧的使用持续到铁器生产工具出现之际。石斧主要用于砍伐树木、加工木料、营造房屋墓穴、陶窑壕沟，以及狩猎、宰杀家畜、切割食物等。

石斧　高 6 厘米

石斧　高 7 厘米

石斧　高 19 厘米　　　　　　石斧　高 16 厘米

大型石斧　高 32 厘米

有槽石斧　高 29 厘米

石斧　高 12 厘米

有肩石斧　高 17 厘米

装柄石斧　高 15 厘米

有肩石斧　高 11 厘米

微型石斧　高2厘米至3厘米

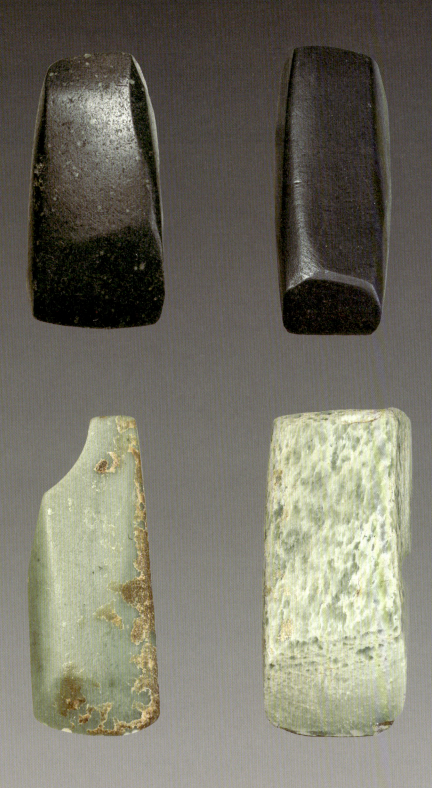

微型石斧　高2厘米至3厘米

有孔石斧　高 10 厘米

有孔石斧　高 13 厘米

有孔石斧　高 16 厘米

有肩石斧　高18厘米

装柄石斧　高 11 厘米

装柄石斧　高 15 厘米

第三单元
石凿

　　磨制石凿在中国的南北方都有发现，南方地区的发现时间早至距今两万年左右，北方地区出现时间较晚。石凿由质地坚硬的石材精心打磨而成，形状细长，一端尖锐，另一端则略宽，便于手握。有的石凿平面形态近方形，刃部平直，较为规整，如东胡林石凿；有的平面形态近椭圆形，刃部呈弧形，如仙人洞石凿。石凿可以在木材、兽骨或软性岩石等材料上开凿孔洞，并通过旋转或敲击的方式逐渐扩大孔洞。这种原始而实用的工具，在人类的建筑、制器、装饰等领域发挥了重要作用。有学者认为新石器时代磨制斧锛凿类工具的功能可能具有多样性，也可用于屠宰、肢解动物、皮毛加工，甚至是礼物等。

石凿　高 14 厘米

石凿　　高 12 厘米

石凿　高 14 厘米

石凿　高 12 厘米

石凿　高 15 厘米　　　　石凿　高 13 厘米

石凿　高 12 厘米

第四单元
石锛

　　石锛是史前时代较为普遍的石器类型之一，形态多样。石锛主要用于精细木加工。石锛通过本体形态、安柄形态的变化，实现使用方式和使用功能的变化。锛的本体形态特征包括三个方面，即顶部、背部和器体大小。石锛顶部是安柄结合处，可分为普通类、有榫类、有槽类、有肩类和有肩有榫类。石锛背部影响其使用过程中与被加工对象的接触方式，可分为弧背类、折背类和直背类。石锛的器体大小存在显著差异。石锛的使用方式，依其形态特征的不同而异，分别类似锛、单面斧、刨子、凿或扁铲，主要用于斫削、刨木、平木、刳木、开卯等精细木作行为。

石锛　高5厘米至6厘米

石锛　高5厘米至6厘米

石锛　高6厘米

石锛　高6厘米

石锛　高6厘米

石锛　高6厘米

石锛　长8厘米

第五单元

石铲

　　石铲作为原始农具之一，主要用于垦荒、翻地等农业生产活动，极大地提高了古代农业生产的效率。其制作材料多为坚硬的石块，经过磨制加工而成，形状和大小因时代和地域的不同而有所差异。有的石铲长而窄，有的宽而短，都具备锋利的刃部和便于握持的手柄。从考古发现来看，石铲在中国多个地区的新石器时代遗址中均有出土。石铲不仅在农业生产中发挥着重要作用，还在一些少数民族的传统疗法中用作治疗工具。石铲作为新石器时代的重要器物，不仅代表古代人类智慧和劳动的成果，还承载了丰富的历史和文化内涵，是我们了解古代社会生产、生活和宗教信仰等方面的重要实物资料。

石铲　高 38 厘米

石铲　高 14 厘米

石铲　　高 9 厘米

石铲　　高 6 厘米

石铲　高6厘米　　　　　　　　　　石铲　高8厘米

石铲　高 15 厘米　　　　　石铲　高 13 厘米

小型石铲　高 4 厘米至 6 厘米

石铲　高5厘米

第六单元
石刀

　　石刀是一种用途十分广泛的工具，凡可作为切割物品使用的石制工具，都可以称为石刀。石刀分为两大类：一类是不系绳直接使用，一类是系绳使用。石刀主要作为农业收割工具使用，是一种专业性较强的谷物收割工具。一般而言，石刀体积较小，长度10厘米左右，与人的手掌宽度大体相当。因为体积较小，所以推测人们在使用时需要在石刀上系绳，将手指套入绳圈后再握在掌中，以避免石刀脱落，或是用绳系在其他附加物以辅助握刀。目前，没有直接的考古发现石刀上有绳索出土的情况，但是根据部分出土石刀的孔、缘等部位的磨损痕迹观察，推测这类石刀可能是系绳使用。依据石刀基本外部形式的差异，具体可分为缺口石刀、长方形单孔石刀、长方形双孔石刀、直刃半月形石刀、弧刃半月形石刀、桂叶形石刀六类。前四类属于直刃石刀，后两类属于弧刃石刀。

单孔石刀　长8厘米

两孔石刀　长6厘米

单孔弧形石刀正面　　长6厘米

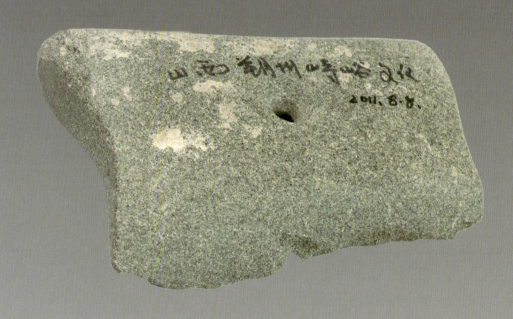

单孔弧形石刀背面　　长6厘米

有肩石刀　　长7厘米

多边形单孔石刀　　长7厘米

有肩石刀　　长8厘米

双孔石刀　长7厘米

单孔石刀　长6厘米

单孔石刀　长 7 厘米

双孔石刀　长 8 厘米

双孔石刀　　长 6 厘米

双孔石刀　　长 7 厘米

双孔石刀　长7厘米

双孔石刀　长7厘米

石刀　　长 6 厘米

第七单元
石钺

　　钺由斧（铲）演变而来，是文明萌芽阶段的重要生产工具与武器。在史前社会生产、部落冲突与文化交流中发挥了重要作用，具有工具、武器和礼器的多重功能。石钺这种扁平、穿孔的双面刃石器，在新石器时代遗址中数量较多。石钺最初作为生产工具使用，随着文明发展的进程，石钺逐渐演变为武器和礼器，成为权力与威严的象征物，具有实用武器、军权象征、王权象征和神权象征四个方面的功能和内涵。石钺的历史可以追溯到原始社会的史前文明时期，是仰韶文化的重要遗存。作为王权军权的象征，它代表了原始社会最高军事指挥权。考古发现的石钺材质多样，包括石质、玉质和青铜质等，这取决于不同历史阶段的生产力发展水平和文化进程。

有孔石钺　高 11 厘米

石钺　高 15.5 厘米

石钺　高 14.5 厘米

有孔石钺　高 14 厘米

石钺　高 19 厘米

有孔石钺　高 9 厘米

有孔石钺　高 5 厘米

第八单元
石钻

　　石钻的起源可追溯至旧石器时代中晚期，原始先民对石钻的发明和使用，极大地提高了人类适应自然的能力。石钻种类繁多，构造也各不相同。最早的石钻可能是石手钻，逐渐发展为砣钻和弓摇钻等。石钻的应用领域广泛，它不仅能够用于钻孔制作玉器和其他器物，还推动了人类在其他方面的进步。北京猿人遗址的上部堆积中发现过锥钻。在猿人洞上部第四至五层发现21件石锥，在一至三层发现13件石锥。旧石器晚期的山西许家窑遗址中发现石钻，头部交互（错向）加工，尖头细锐，器身宽大，适于手握。在峙峪遗址、山顶洞遗址还发现了钻孔的装饰品。人类生产工具的演化是生产力发展的重要标志，从石钻和钻孔技术的发展来看，它由加工生产工具发展为装饰品，体现了人类在物质生活和精神生活上的巨大变化。

石钻　高 27 厘米　　　　石钻　高 15 厘米

石钻　长 6 厘米

石钻　长 20 厘米

石钻　直径 13 厘米

石钻 直径7厘米

第九单元
研磨器

　　石磨盘、石磨棒为旧石器时代晚期和新石器时代早期的先民普遍使用的日常工具，它们是随着原始采集经济的出现而被先民发明出来的。作为原始社会重要的谷物加工工具，先民在使用时将谷物放在石磨盘上，用石磨棒进行碾压和磨碎，从而实现谷物的脱壳和碎粒。这种加工方式虽然原始，但在古代是一种非常重要的谷物加工手段，对于当时的人类生活起到至关重要的作用。在一些考古发现中，这类石器常随葬在女性身旁，这可能表明当时粮食加工的任务主要由女性来完成。这一发现为我们了解古代社会的性别分工和劳动分配提供了重要线索。原始社会生产力低下，自然条件恶劣，任何一种工具都是一物多用，正如石磨盘、石磨棒，从最开始的植物果实的加工到谷物加工，从纺织业上的运用到制陶业上的研磨颜料，这不仅见证了人类文明的进步和发展，也为我们了解古代社会的生活方式和劳动方式提供了宝贵的历史资料。

石磨雏形正面　直径 28 厘米

石磨雏形背面　直径 28 厘米

研磨器　直径6厘米

研磨器　直径5厘米

研磨器　直径8厘米

研磨器　　直径6厘米

研磨器　　直径6厘米

研磨器　　直径25厘米

研磨器　长 14 厘米

研磨器　　长 14 厘米

研磨盘　长 27 厘米

研磨盘　长 42 厘米

研磨盘　长 30 厘米

研磨器　直径 6 厘米

研磨器　直径 7 厘米

第十单元

砺石、砥磨石

　　砺石是制作磨制石器必不可少的加工工具，形态较为丰富，多呈不规则形、长条形或近圆形，表面光滑，有磨制痕迹，或有磨制成槽的凹痕。齐家作坊出土的砺石包括扁平砺石和凹槽砺石。扁平砺石被用于磨制毛坯石块表面不规则的凸起部位，带槽砺石表面多有摩擦形成的凹槽。砺石还可以作为腰间的一种佩饰，具有实用工具的功能和等级标志的功能。有孔砺石在中国北部地区多有发现，多为细沙粒石，是一种佩带在腰间的实用工具，也有等级标志。在目前发现的有孔砺石中，器物特征为表面光滑、有打磨的痕迹。小型砺石是磨制较小的石器，是磨制骨针、骨锥、陶锥的最好工具。远古先民们使用竹锥、硬木锥等锐角工具一定不少，这类工具也会用砺石加工。砺石在商周时期广泛流行于游牧人群，此阶段的砺石作为一种实用工具进行使用。唐代以后，砺石的佩戴成为一种身份和等级的象征。砥磨石多呈不规则形、长条形或近圆形，有磨制成槽的凹痕。砥磨石被用于磨制毛坯表面不规则的凸起部位或柱状器物。

砺石　　长 6 厘米

砺石　　长 11 厘米

砺石　　长 9 厘米

砺石　高8厘米　　砺石　高5厘米　　　　砺石　高27厘米

砺石　高 13 厘米　　　　砺石　高 8 厘米

砺石　高9厘米　　　　　砺石　高14厘米

砺石　高 4 厘米至 15 厘米

砥磨石　直径8厘米

砥磨石　直径6厘米

砥磨石　　直径 9 厘米

砥磨石　　直径 10 厘米

陶砥磨石　　高 5 厘米

陶砥磨石　　高 5 厘米

陶砥磨石　　高 7 厘米

陶砥磨石　　高 6 厘米

砥磨石　高8厘米

砥磨石　高6厘米

陶砥磨石　高5厘米

砥磨石　高6厘米

砺石　长 8.5 厘米

第十一单元
骨器

　　骨器是以动物骨骼（包括角、牙等硬组织）为原料制成的器物。史前时期，渔猎活动在当时社会中占有重要地位，由于骨骼质地坚硬、便于加工，制成的器物坚固耐用，故骨器在当时社会中具有与石器、木器等其他材质的器物相同的重要性。以骨骼为原料制成的器物包括生产工具、生活用具、装饰品、武器及乐器等。骨器既可以体现当时先民对动物资源的利用情况，还可以反映当时经济及技术等多方面状况，为我们认识古代人类文化的多个层面，特别是经济生活领域的各个方面提供了非常有价值的资料。

骨铲　高 15 厘米

骨铲　高14厘米

骨铲　高13厘米

骨刀　高13厘米

骨针　长 4 厘米至 10 厘米

镞（骨化石）
长 10 厘米

镞（骨化石）
长 10 厘米

铲（骨化石）

长 9 厘米

铲（骨化石）

长 18 厘米

骨刀　高 21 厘米　　　　　　　　骨镐　高 13 厘米

骨镐　高15厘米

骨镐　高12厘米

蚌刀　　高9厘米至12厘米

蚌器　高 10 厘米

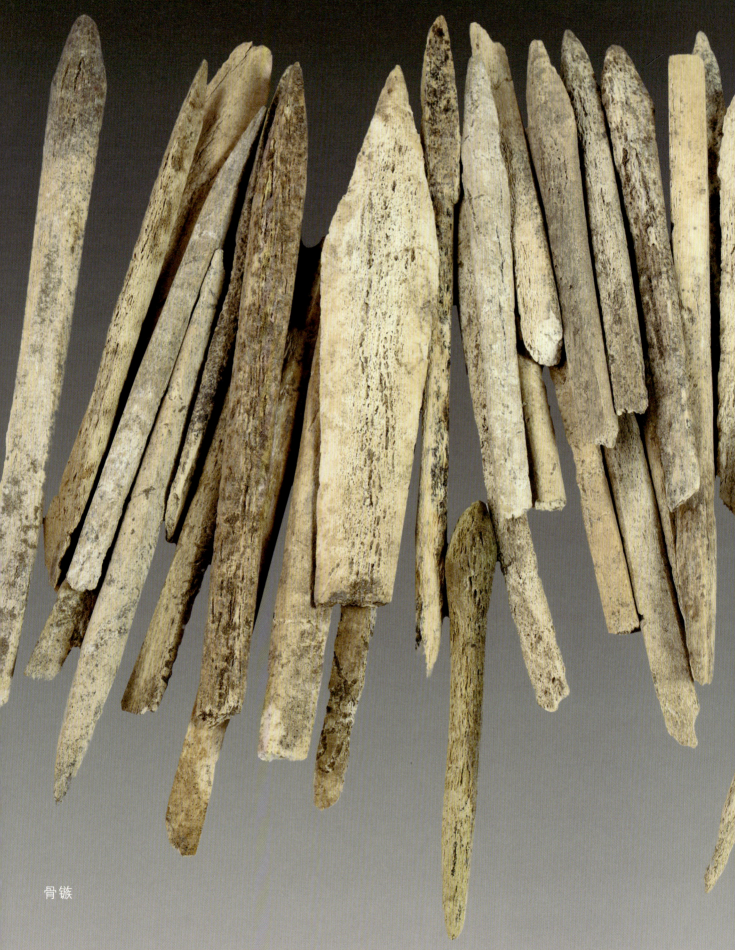

骨镞

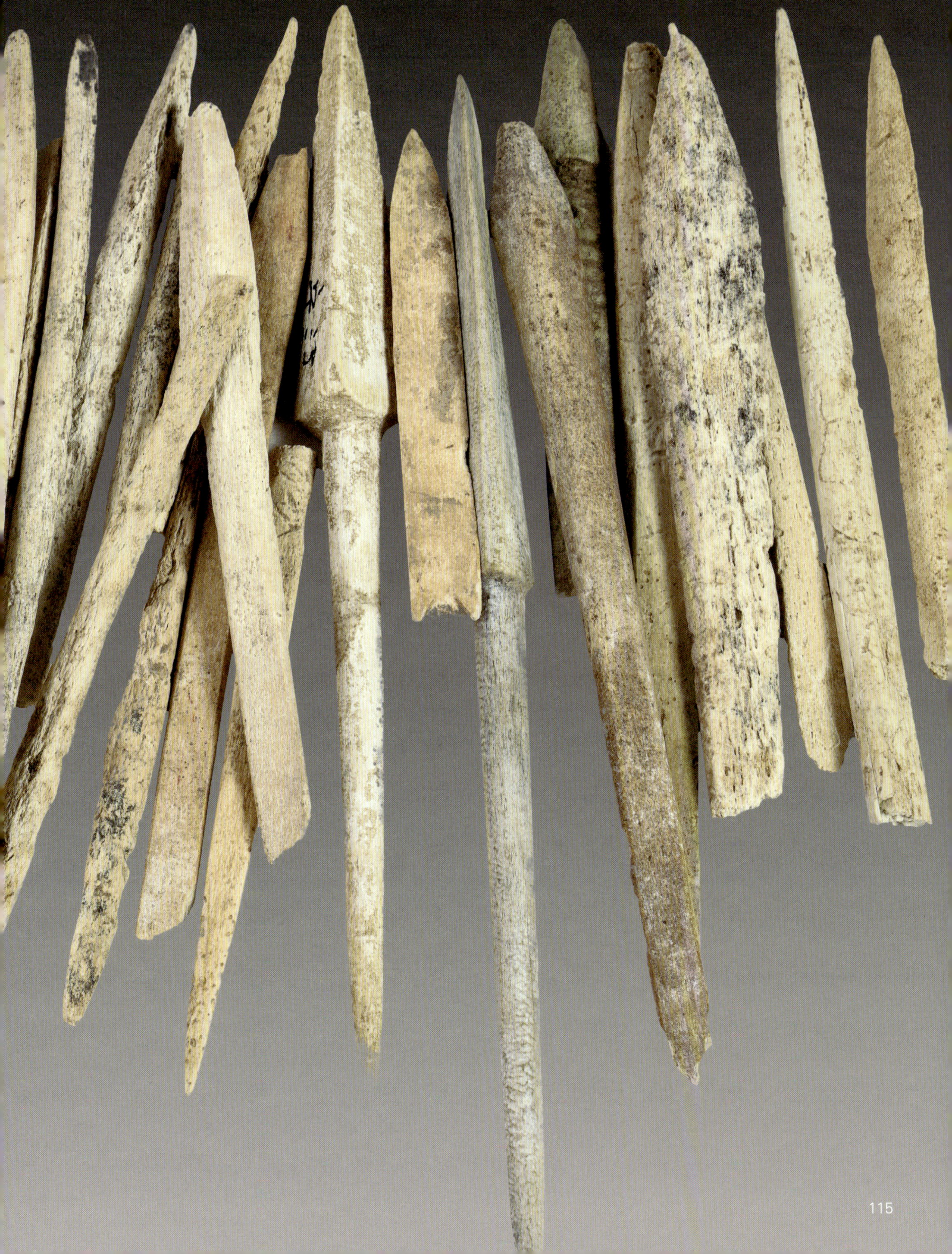

骨铲　高 13 厘米

第十二单元
纺轮

　　纺轮是中国远古时期发明的捻线工具，利用其自身重量通过外力促其旋转，使纤维被牵伸、加捻，并撮合成线。纺轮的出现使原始纺织产业初露端倪，为纺织业的产生和发展作出了不可磨灭的贡献。纺轮的出现，是制绳过程中结并、纠缠、摩擦搓捻、旋转加捻到重力加捻转变的结果，是人类在实践的迫切需求下，不断发现、开拓、创新的结果。纺轮的出现成功实现了从粗绳到细纱（线）的历史性转折。作为人类最早使用的纺织工具之一，纺轮的出现不仅改变了最原始的徒手撮线方式，也为后世纺织机的产生开启了门径。

玉纺轮　直径 5 厘米

玉纺轮　直径 5 厘米

玉纺轮　直径 4 厘米

玉纺轮　直径 4 厘米

玉纺轮　直径 4 厘米

玉纺轮　直径 4 厘米

陶纺轮　直径 7 厘米

陶纺轮　直径 4 厘米

陶纺轮　直径6厘米

陶纺轮　直径 6 厘米

陶纺轮　　直径 6 厘米

陶纺轮　　直径 5 厘米

陶纺轮　直径 5 厘米

陶纺轮　直径 5 厘米

陶纺轮　　直径 5 厘米

陶纺轮　　直径 4 厘米

陶纺轮　　直径 6 厘米

陶纺轮　直径 5 厘米

陶纺轮　直径 5 厘米

陶纺轮　直径 5 厘米

陶纺轮　　*直径 6 厘米*

第十三单元

陶器

    陶器，作为人类文明史上的一项重要发明，承载着深厚的文化底蕴与悠久的历史记忆。陶器的出现，不仅标志着人类开始掌握一种全新的材料加工技术，也极大地丰富了人们的生活方式和文化表达。甘肃地区的陶器以彩陶最为著名，器类繁多，分布地域广阔，延续时间长达五千余年。先民利用黏土或陶土，经过捏制成形后烧制，创造出最早的陶器。这些陶器不仅满足日常生活的需要，更以其独特的艺术形式和审美价值，成为人类精神世界的一部分。陶器在人类生活中扮演着多重角色。它是实用的生活用具，如碗、盘、壶、罐等，满足人们日常饮食、储存和烹饪的需求。大地湾一期文化是最初发现彩陶的遗址，如圜底三足宽带钵，主要是盛食器。大地湾二期和三期发现的鱼纹盆，主要盛放大家共同的食物，小一些的器皿，如器形较小的圜底钵平底钵，则是供个人使用的食具。此阶段出现了体积较大的绳纹曲腹罐，有一些有烟炱痕迹，可能是加工食物的炊具；有的没有烟炱痕迹，可能为储存食物的储存器；还有较多的绳纹曲腹罐发现于墓地，是瓮棺葬的瓮棺。有的鱼纹盆倒扣于曲腹罐上，鱼纹盆的底部常常有小孔。后来的盆碗钵之类的器皿，多为食器。体量较大的罐壶缸瓮，则是储水器或储存粮食的工具。甘肃陶器以其独特的造型和纹饰，展现人类审美观念和制作水平的不断进步，为我们提供了宝贵的文化遗产和历史见证。通过研究甘肃陶器，使我们更加深入地了解古代人类的生活方式、审美观念以及文化传承。

双鱼纹钵　半坡文化

直径 18 厘米

鱼纹盆　半坡文化

直径 23.5 厘米

黑彩宽带钵　半坡文化

直径 19 厘米

黑彩宽带纹平底钵　半坡文化

直径 20.5 厘米

水波纹盆　马家窑文化

直径 31 厘米

网格纹双耳瓶 马家窑文化

高 13.5 厘米

折线锯齿纹单耳壶　半山文化

高 11 厘米

垂弧纹单耳壶　马厂文化

高 22 厘米

弧线纹盆　马厂文化
直径 15 厘米

弧线纹盆　马厂文化
直径 17 厘米

直线菱形纹单耳杯　马厂文化

高 17 厘米

直线折线纹单耳杯　马厂文化

高 11 厘米

折线纹鸟形壶　马厂文化

高 26 厘米

双耳杯　沙井文化

高 15 厘米

弧线网格纹壶　半山文化

高 34 厘米

菱格纹双耳壶　马厂文化

高 20 厘米

黑色条带纹器坐　半坡文化

直径 26 厘米

线纹罐　马厂文化

高 10 厘米

联体罐　沙井文化

高 4.5 厘米

绳纹罐　齐家文化
高 16.5 厘米

尖底瓶　半坡文化
高 35 厘米

平底钵　半坡文化

直径 14.5 厘米

鸟纹残片　仰韶文化

高 5 厘米

敛口陶钵　仰韶文化晚期

直径 13 厘米

带流盆　仰韶文化晚期

高 20 厘米

双耳釜　辛店文化

高 16 厘米

绳纹碗　仰韶文化晚期

直径 21 厘米

粮仓模型　仰韶文化晚期
高 15 厘米

粮仓模型　仰韶文化晚期
高 21 厘米

漏勺　齐家文化

直径 18 厘米

绳纹罐　齐家文化

高 26 厘米

单耳杯　齐家文化　高 10 厘米

堆塑纹单耳杯　半山文化　高 10 厘米

弦纹罐　半坡文化　高 7.5 厘米

敛口纹罐　仰韶文化晚期　高 9 厘米

红陶盘　仰韶文化晚期
直径 5 厘米

平底钵　半坡文化
直径 18 厘米

鸮形单耳杯　马家窑文化晚期

高 10.5 厘米

白陶罐　石岭下文化

高 48 厘米

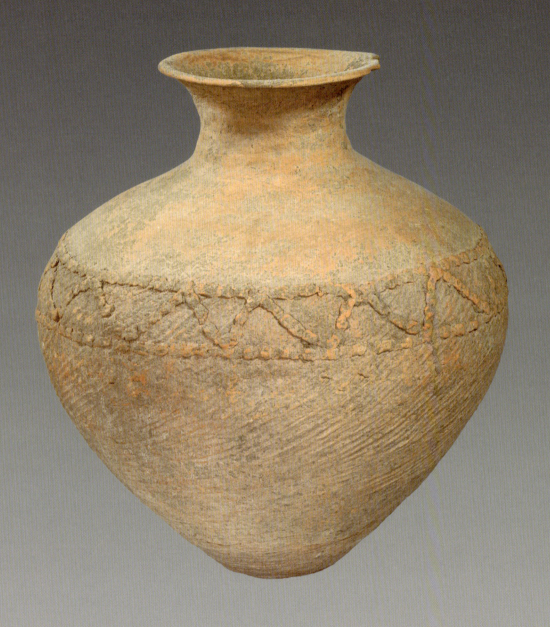

红陶堆纹瓶　仰韶文化晚期

高 38 厘米

红陶单耳杯　齐家文化

高 14 厘米

马鞍口罐　寺洼文化

高 17 厘米

器坐 辛店文化

高 10 厘米

红陶单耳杯 辛店文化

高 14 厘米

方形盘　仰韶文化晚期　长 11 厘米

箕形器　半坡文化　长 24 厘米

平底钵　半坡文化　直径 15 厘米

陶鼓风管　长 35 厘米

尖底瓶残底　仰韶文化

石岭下文化残器　高 13 厘米

石岭下文化彩陶罐　高 14 厘米

陶勺残柄　马家窑文化　长 13 厘米

圆点纹豆盘　马厂文化　直径 12 厘米

龙山黑陶
直径 9 厘米　高 12 厘米

陶豆　半坡文化
高 14 厘米

第十四单元
制陶工具

　　史前时期的制陶工具主要包括垫类（陶垫与扁圆形石球）、指套、陶拍、操作面类（陶轮盘与石盘）、器座、陶模、颜料类工具、烧造工具等，以及骨器（刮削、切割、刻划器）、敲砸器、磨光器等。在制陶过程中，陶拍是在器壁外部用于拍打的工具，陶垫是在器壁内部用于支撑配合陶拍的工具。指套类工具出现于庙底沟二期文化，流行于客省庄文化。陶轮盘分为"帽式"与"锣式"两类，放在木质转盘上进行操作。"帽式"轮盘的小平底和宽平沿朝上，便于制作和修整陶胚，腹壁的孔可用于安装木柄，便于拨动或暂停轮盘；"锣式"轮盘在操作使用时更加方便。研磨盘的石质有砾石、石英岩、板岩、砂岩、闪长岩等，器型扁平，有的器面上留有红或红褐色颜料，有的器面因长期使用而略微凹陷。

陶拍正面　　直径 13 厘米

陶拍背面　　直径 13 厘米

陶拍正面　　直径 13 厘米

陶拍背面　　直径 13 厘米

陶拍底面　长6厘米　高5厘米

陶拍正面　长6厘米　高5厘米

陶拍底面　直径6厘米

陶拍正面　直径6厘米

陶拍　　直径 4 厘米至 5 厘米

陶拍　直径4厘米至5厘米

陶拍正面　直径 5 厘米

陶拍背面　直径 5 厘米

陶拍正面　　直径 5 厘米

陶拍背面　　直径 5 厘米

陶拍正面　长 19 厘米

陶拍底面　长 19 厘米

仰韶陶拍正面　长 13 厘米

仰韶陶拍底面　长 13 厘米

陶拍　高 7 厘米

陶拍　长 8 厘米

陶垫正面　仰韶文化晚期

直径 6 厘米

陶垫背面　仰韶文化晚期

直径 6 厘米

陶垫正面　仰韶文化晚期

直径 6 厘米

陶垫背面　仰韶文化晚期

直径 6 厘米

陶垫正面　仰韶文化晚期

直径 6 厘米

陶垫背面　仰韶文化晚期

直径 6 厘米

第十五单元
乐 器

　　据有关专家研究,中国新石器时代出土乐器有700余件,其中击奏乐器有磬、铃、钟、鼓、摇响器,吹奏乐器有笛、哨、角、埙。主要分布于黄河、长江流域的大部分地区及西辽河流域部分地区。中国新石器时代摇响器的出土量很大,计有300件以上,按照制作材质的不同,可分为龟甲响器和陶响器。甘肃是黄河流域陶响器出土数量最多、时间跨度最长的地区。据考古资料,甘肃出土陶响器共18件,分别出自庆阳野林寺沟、东乡林家遗址、临洮寺洼、兰州土谷台、皋兰糜地岘、广河县、积石山大河庄、宁县西李村、秦安扬寺、庄浪韩店等遗址,时间从早期仰韶文化、马家窑文化到之后的半山文化、马厂类型,再到铜、石并用的齐家文化,均有出土。

陶鼓　　直径 32 厘米

陶鼓底面　直径 32 厘米

陶鼓正面　直径 32 厘米

三孔陶埙　直径 4 厘米

陶铃　高 6 厘米

豆形陶铃　高 13 厘米

陶鼓　高 23 厘米

四孔陶铃　高 7 厘米

三孔石哨　长4厘米

三孔石哨　长6厘米

骨笛　长5厘米

骨哨　长5厘米

骨哨　长5厘米

陶铃　直径 3 厘米至 5 厘米

多孔陶铃　高 7 厘米

六孔陶埙　高 7 厘米

兽面三孔陶埙

高 6 厘米

陶鼓
直径 25 厘米

四孔陶哨　长 4 厘米

单孔陶铃　高 8 厘米

第十六单元
饰 品

　　原始装饰品是人类文明初期的重要创造，不仅体现了人类对美的追求，还反映了当时社会的文化风貌，是人类审美意识产生的重要标志。这些装饰品大多采用自然材料，如兽骨、贝壳、石料等，通过简单的加工制作，成为具有装饰意义的物品，并被视作身份和地位的象征物。石环在新石器时代主要使用于等级较高的聚落中，一般人群难以获取使用。在较高等级的聚落中，需要制作大量陶环来满足人们的需求，这进一步证明石环的珍贵属性。陶环是最为主流的装饰品，在新石器时期众多遗址中均有出土，分布范围较广、出土数量较多。最早的陶环以素面环饰为主，形式较为单一。在仰韶文化中期，随着史前先民制陶技术不断提升，陶环数量显著增多，形式、纹样都呈现多变的趋势，在西山坪等遗址还出土带彩绘的陶环残片。此后，马家窑文化、半山文化、马厂文化均有陶环出土。到了龙山文化阶段，由于生产力水平的提高，陶环因易碎被玉石材质环饰取代。石骨蚌环的起源早于陶环，在老官台、北首岭、裴李岗等遗址中，发现有小型石质或骨蚌环饰。甘肃出土的原始装饰品种类繁多，具有丰富的文化内涵和审美价值，是我们了解远古先民生活和文化的重要实物资料。

彩陶手镯　直径7厘米

齐家玉璜　长18厘米

彩陶臂钏

彩陶臂钏

彩陶臂钏

陶臂钏

陶臂钏

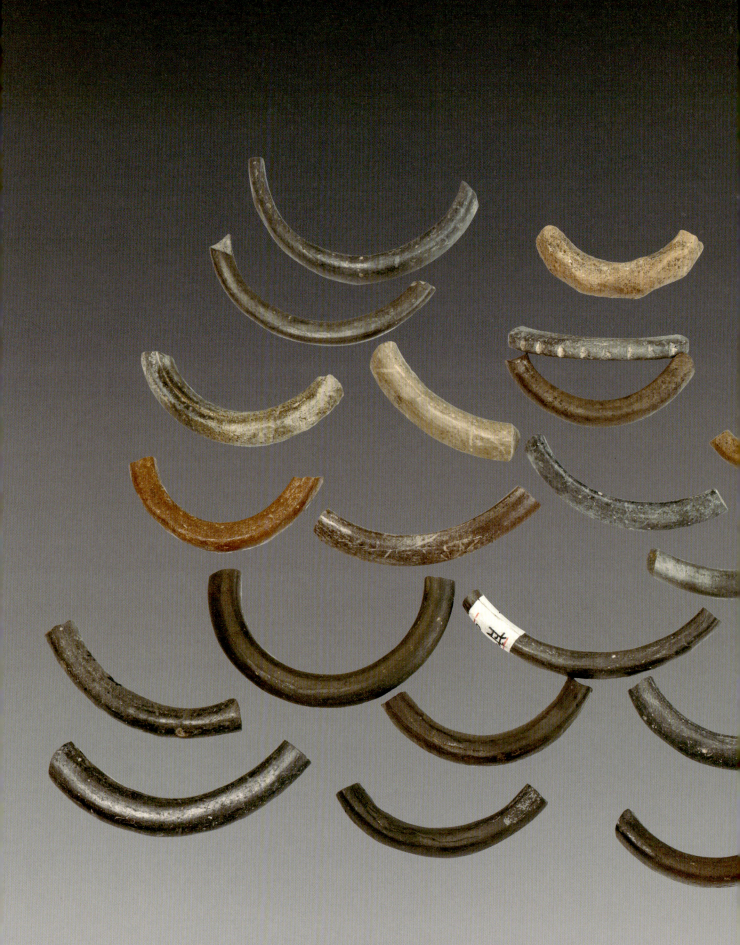

陶环残段

骨环

骨环

陶饰品　直径 3 厘米

玉管　直径 2.5 厘米

第十七单元
原始艺术品

　　原始先民把石器、骨器、木器制作成一定的形状，有时还刻画一些纹饰。这些简单的造型和线条，已经具有某种装饰的意味，表现出原始先民在制造工具的同时，已经有初步的美学观念和审美意识的萌动。远在旧石器时代的"山顶洞人"，用兽齿串连起来作为项饰，在磨光的鹿角和鸟骨上刻画疏疏密密的线痕。新石器时代的雕塑艺术多以陶塑为主，兼有骨、牙、玉、石等质料。在题材方面，多塑造人物及动物形象，植物和生活用具少见。黄河中上游地区发现的人物雕塑数量丰富，艺术风格较为一致，呈现出原始先民的审美意识和手工技艺。

陶鸟形器 长 10 厘米

刻人面形骨器　高 4 厘米

骨化石人面形器　高 7 厘米

龙纹面陶珠　直径 4 厘米

兽面玉坠正面　高 3 厘米

兽面玉坠背面　高 3 厘米

刻人首石斧 高8厘米

动物形配饰　长 9 厘米

刻字符骨器　高 1.6 厘米

刻字符骨器　长 3 厘米

刻人面纹陶器　高 8 厘米

刻人面纹陶器　高8厘米

刻经纬纹陶珠　直径 4 厘米

石器杂项

石杈杖头　　直径 5 厘米

锯齿石刀　长 5 厘米

石锯　长 15 厘米

石杵　　高 55 厘米　　　　　　　石耜　　高 26 厘米

石犁　高 26 厘米

网坠　长5厘米

网坠　长5厘米

网坠　长5厘米

网坠　长 5 厘米

网坠　长 5 厘米

网坠　长 5 厘米

后 记

历史是生命的河流，生生不息的根本是日复一日的劳作。曾经创造历史的先祖们，早已歇息远去，而他们的智慧与梦想，依然如满天星光，映照着后辈子孙前行的道路。

三十多年前，当我第一次捧起一把石斧，豁然间，我有了与古人对话的冲动，仿佛感知到先祖们的气息与温暖，仿佛听到先祖们的感召与呼唤，也仿佛看到一束束穿透人类远古文明的亮光。自此以后，我在研习石窟文化、临摹古代壁画之余，如饥似渴地不断学习、研究、整理石器方面的相关资料。偶有所得，甚为欣慰。我并非研究新石器文化的专业人士，仅将一己之得辑录成册，为弘扬传统文化奉献绵薄之力。抛砖引玉，敬请各位方家指正。

拙著出版事宜之所以能提上日程，缘于甘肃省人民政府文史研究馆的大力支持，在此表示衷心感谢！

感谢邵青先生的大力支持！

感谢陆志宏先生的指导帮助！

感谢我的家人多年的理解陪伴以及各位亲朋好友的鼓励支持！

刘俊琪

2024 年 10 月 8 日